ANDRZEJ MOSZCZYŃSKI jest autorem 23 książek, 34 wykładów oraz 3 kursów. Pasjonuje go zdobywanie wiedzy z obszaru psychologii osobowości i psychologii pozytywnej.
Ponad 700 razy wystąpił jako prelegent podczas seminariów, konferencji czy kongresów mających charakter społeczny i charytatywny.

Regularnie się dokształca i korzysta ze szkoleń takich organizacji edukacyjnych jak: Harvard Business Review, Ernst & Young, Gallup Institute, PwC.

Jego zainteresowania obejmują następujące tematy: potencjał człowieka, poczucie własnej wartości, szczęście, kluczowe cechy osobowości, w tym między innymi odwaga, wytrwałość, wnikliwość, entuzjazm, wiara w siebie, realizm. Obszar jego zainteresowań stanowią również umiejętności wspierające bycie zadowolonym człowiekiem, między innymi: uczenie się, wyznaczanie celów, planowanie, asertywność, podejmowanie decyzji, inicjatywa, priorytety. Zajmuje się też czynnikami wpływającymi na dobre relacje między ludźmi (należą do nich np. miłość, motywacja, pozytywna postawa, wewnętrzny spokój, zaufanie, mądrość).

Od ponad 30 lat jest przedsiębiorcą. W latach dziewięćdziesiątych był przez dziesięć lat prezesem spółki działającej w branży reklamowej i obejmującej zasięgiem cały kraj. Od 2005 r. do 2015 r. był prezesem spółki inwestycyjnej, która komercjalizowała biurowce, hotele, osiedla mieszkaniowe, galerie handlowe.

W latach 2009-2018 był akcjonariuszem strategicznym oraz przewodniczącym rady nadzorczej fabryki urządzeń okrętowych Expom SA. W 2014 r. utworzył w USA spółkę wydawniczą. Od 2019 r. skupia się przede wszystkim na jej rozwoju.

Inaczej o dobrym i mądrym życiu to książka o umiejętności stosowania strategii osiągania wartościowych celów. Autor opisuje 22 aspekty, które prowadzą do bycia mądrym. W jakim znaczeniu mądrym?

Mądry człowiek jest skupiony na działaniu ukierunkowanym na podnoszenie jakości życia, zarówno swojego, jak i innych. O tym jest ta książka: o byciu szczęśliwym, o poznaniu siebie, by zajmować się tym, w czym mamy największy potencjał, o rozwinięciu poczucia własnej wartości, które jest podstawowym czynnikiem utrzymywania dobrych relacji z samym sobą i innymi ludźmi, o byciu odważnym, wytrwałym, wnikliwym, entuzjastycznym, posiadającym optymalną wiarę w siebie, a także o byciu realistą.

Mądrość to umiejętność czynienia tego, co szlachetne. Z takiego podejścia rodzą się następujące czyny: nie osądzamy, jesteśmy tolerancyjni, życzliwi, pokorni, skromni, umiejący przebaczać. Mądry człowiek to osoba asertywna, wyznaczająca sobie pozytywne cele, ustalająca priorytety, planująca swoje działania, podejmująca decyzje i przyjmująca za nie odpowiedzialność. Mądrość to też zaufanie do siebie i innych, bycie zmotywowanym i posiadającym jasne wartości nadrzędne (do których najczęściej należą: miłość, szczęście, dobro, prawda, wolność).

Autor książki opisuje proces budowania mentalności bycia mądrym. Wszechobecna indoktrynacja jest przeszkodą na tej drodze. Jeśli jakaś grupa nie uczy tolerancji, przekazuje fałszywy obraz bycia zadowolonym człowiekiem, to czy można mówić o uczeniu się mądrości? Zdaniem autora potrzebujemy mądrości niemal jak powietrza czy czystej wody. W tej książce będziesz wielokrotnie zachęcany do bycia mądrym, co w rezultacie prowadzi też do bycia szczęśliwym i spełnionym.

Szczegóły dostępne na stronie:
www.andrewmoszczynski.com

Andrzej Moszczyński

Inaczej o szczęściu

2021

© Andrzej Moszczyński, 2021

Korekta oraz skład i łamanie:
Wydawnictwo Online
www.wydawnictwo-online.pl

Projekt okładki:
Mateusz Rossowiecki

Wydanie I

ISBN 978-83-65873-03-3

Wydawca:

ANDREW MOSZCZYNSKI
I N S T I T U T E

Andrew Moszczynski Institute LLC
1521 Concord Pike STE 303
Wilmington, DE 19803, USA
www.andrewmoszczynski.com

Licencja na Polskę:
Andrew Moszczynski Group sp. z o.o.
ul. Grunwaldzka 472
80-309 Gdańsk
www.andrewmoszczynskigroup.com

Licencję wyłączną na Polskę ma Andrew Moszczynski Group sp. z o.o. Objęta jest nią cała działalność wydawnicza i szkoleniowa Andrew Moszczynski Institute. Bez pisemnego zezwolenia Andrew Moszczynski Group sp. z o.o. zabrania się kopiowania i rozpowszechniania w jakiejkolwiek formie tekstów, elementów graficznych, materiałów szkoleniowych oraz autorskich pomysłów sygnowanych znakiem firmowym Andrew Moszczynski Group.

*Ukochanej Żonie
Marioli*

SPIS TREŚCI

Wstęp. Inaczej o szczęściu	9
Rozdział 1. Cztery czynniki szczęścia	23
Rozdział 2. Pierwszy czynnik: przyjęcie odpowiedzialności za własne szczęście	27
Rozdział 3. Drugi czynnik: poznanie fundamentów szczęścia	39
Rozdział 4. Trzeci czynnik: przeszkody w osiąganiu szczęścia	43
Rozdział 5. Czwarty czynnik: szczęście wynikające z dawania	49
Co mógłbyś zapamiętać?	55
Bibliografia	59
O autorze	75
Opinie o książce	81

Dodatek. Cytaty, które pomagały
autorowi napisać tę książkę 85

Wstęp

Inaczej o szczęściu

Kilka lat temu przeczytałem interesujący tekst o szczęściu. Dowiedziałem się z niego między innymi, że szczęściu towarzyszy spokój wewnętrzny, który wynika z bycia uczciwym.

Po przeczytaniu tego nasunęła mi się refleksja: kiedy naszą wartością nadrzędną jest uczciwość, wówczas nie obawiamy się na przykład utraty reputacji.

Ten jeden drobiazg w pewnym sensie jest odpowiedzialny za bycie szczęśliwym.

Analizując temat szczęścia w kontekście bycia uczciwym, czasami zastanawiam się, jaki związek ma uczciwość z niedocenianą przez nas cnotą, jaką jest pokora.

Pokora ma wiele odcieni i można ją analizować w wielu różnych aspektach.

Myślę, że pokora może oznaczać, iż pragniemy się uczyć przez całe życie.

I to nie tylko zdobywając wiedzę szkolną czy uniwersytecką, z książek czy na kursach. Chodzi o coś więcej – o naukę poprzez obserwację innych ludzi, a nawet zwierząt.

Kiedy umiemy się uczyć od innych, bez względu na ich zamożność, wykształcenie, pozycję społeczną, wówczas jesteśmy przystępni, a inni darzą nas szacunkiem i zwyczajnie nas lubią. To właśnie jest pewną miarą szczęścia.

Człowiek, który nie uważa pokory za cnotę ani wartość, może przejawiać przeciwne cechy, takie jak: zarozumiałość, zuchwałość, pychę. Jak zachowuje się taka osoba?

Swoją postawą demonstruje, że jest lepsza od innych; na przykład nauczyciel w szkole sam może wybrać sposób komunikowania się z uczniami: będzie przystępny, życzliwy, pokorny, skromny, będzie zwracał uwagę na możliwości swoich uczniów, ich ograniczenia, różnice w percepcji albo będzie się wywyższał, co okaże intonacją głosu czy używaniem słów mało zrozumiałych dla swoich podopiecznych.

Znam ludzi, którzy uznali, że pokora to pozytywna cecha i że warto ją pielęgnować. Tacy ludzie dość szybko znajdują w sobie źródło siły do podejmowania różnych wyzwań. Wynika to z umiejętności wejrzenia w siebie, spojrzenia na siebie jakby oczami innych.

Weźmy na przykład takie źródło nieporozumień, a może nawet konfliktów, jakim jest przerywanie innym podczas rozmowy. Osoba pokorna posiada taki stan umysłu, który pomaga jej rozpoznać u siebie tę przywarę, która zniechęca innych do prowadzenia rozmów. Co z tym dalej robi?

Zwyczajnie rozwija w sobie przekonanie, że chce tego zaprzestać. Następnie szuka skutecznych strategii, które wprowadzi w życie.

A jakie Ty masz w tej sprawie zdanie?

Pokorni ludzie nie uważają się za lepszych od innych. Jeśli cenisz u innych na przykład umiejętność przyznawania się do błędów, to wiesz, że pewna doza szczęścia prędzej czy później „zapuka do drzwi" takich osób.

Kończąc ten wątek – wątek pokory – dodam jeszcze, że jeśli umiemy przeprosić za popełniony błąd, to jesteśmy wolni od dumy i manii wielkości; kiedy przyznajemy się do błędów, to jesteśmy wiarygodni.

Ludzie wiedzą, że każdy popełnia błędy. Lecz nie każdy jest w stanie się do nich przyznać.

Co to wszystko ma wspólnego ze szczęściem?

Złe relacje z innymi nie dają szczęścia – osoba pokorna dba o dobre relacje z innymi, zależy jej na byciu przystępną i życzliwą.

Szczęśliwa jest też osoba współczująca. Jeśli jesteś taką osobą – a myślę, że większość ludzi posiada tę cechę – to wypełnia Cię łagodność i empatia, współodczuwasz ból innych i „łączysz się" z nimi na poziomie emocjonalnym.

Co jeszcze można powiedzieć o szczęściu? Szczęście to dla wielu z nas brak stresu, brak bólu psychicznego, to posiadanie dziecka (zwłaszcza jeśli małżonkowie się o nie starają, a jest to trudne z powodów zdrowotnych), to dobrze przespana noc czy spacer z rodziną.

Ponadto jesteśmy szczęśliwi, jeśli robimy coś dla innych, jeśli pielęgnujemy pozytywne relacje.

Pewnie wiesz, że kto dba o dobre relacji z innymi, ten zwyczajnie lubi ludzi. Kto myśli o innych pozytywnie, wierzy w ich dobre intencje, niesie pociechę, chętnie chwali, docenia, okazuje wdzięczność, umie słuchać, ten zaspokaja u innych potrzebę bycia ważnym.

To ktoś, kto akceptuje odmienność. Kto kocha innych, jest delikatny, nie ocenia. Nie trzeba do tego dużo, wystarczy rozbudzić w sobie miłość do innych ludzi.

Z moich obserwacji wynika, że jeśli ktoś od dziecka jest przyjazny, komunikatywny, optymistyczny, wrażliwy na ludzkie cierpienie, kochający zwierzęta, altruistyczny, to jest mu bliżej do bycia szczęśliwym.

Nie oznacza to jednak, że inni nie są szczęśliwi. Wielu jest, bo spełniają jeszcze wiele innych kryteriów.

U niektórych ludzi musi się coś wydarzyć w życiu: wypadek, choroba, zdrada, śmierć bliskiej osoby. W takich sytuacjach następuje coś w rodzaju resetu umysłu. Nagle zdajemy sobie sprawę, co jest w życiu ważne: ciepłe relacje z innymi ludźmi, ich bliskość, zrozumienie, życzliwość, szczerość, ciepła rada, spontaniczny uśmiech.

Zaczynamy wówczas nowe życie bez zbędnych wymagań, bez złości, z większą dawką cierpliwości. Zaczynamy pojmować, że jesteśmy tu tylko na chwilę, jesteśmy tu gośćmi.

Czy wiesz, że kiedy umrzesz, to ci, którzy przyjdą na Twój pogrzeb, prawdopodobnie podsumują Twoje życie tylko jednym zdaniem? Większość z nich odpowie na pytanie: kim on był?

Ludzie podążający drogą szczęścia rozumieją to, że aby doświadczać ze strony innych przejawów miłości, sami muszą tacy być w stosunku do innych; wiedzą, że inicjatywa musi wyjść od nich samych. Czy myślisz teraz, kiedy masz na to jeszcze wpływ, jak odpowiedzą inni na pytanie: kim był ten człowiek?

Kiedy umarł mój tata, miałem zaledwie piętnaście lat.

Śmierć taty była dla mnie traumatyczna. W tamtym okresie byłem bardzo skupiony na poszukiwaniu odpowiedzi na jedno pytanie: jaki jest sens życia? Po co żyjemy? Dlaczego na świecie jest tyle cierpienia, bólu, złości? Od tego czasu rozpocząłem poszukiwania sensu życia i postanowiłem w swoim sercu, że będę się skupiał na zgłębianiu tajników umysłu. Dlaczego? Aby osiągnąć szczęście, a może nawet coś więcej – spełnienie.

Po jakimś czasie pojawiło się pragnienie kontrolowania własnych myśli, słów, postępowania. W każdym razie ten jeden impuls – śmierć taty – pociągnął za sobą szereg postanowień, które prowadziły mnie do celu, jakim jest życie według własnego scenariusza.

Dotarło wówczas do mnie, jak kruche jest życie – mój ojciec miał tylko 44 lata, kiedy zmarł. Od tego czasu chodzę regularnie na pogrzeby, ponieważ przypominają mi, jaki jest sens życia, skłaniają mnie do stawiania następujących pytań: co robić, aby być szczęśliwym? Jak określać priorytety? Jak siebie dyscyplinować, aby robić to, co powinno zostać zrobione? Skoro ludzie potrafią opisać innych jednym zdaniem, to jak chcę być opisany?

Ja pragnę być zapamiętany jako ten, kto szukał kierownictwa Bożego i okazywał innym dobro. Tylko tyle, nic więcej.

Myślę, że właśnie takie proste, krótkie zdanie może być mottem dla moich codziennych decyzji. W zasadzie taka jest moja misja życiowa: zachęcać, inspirować, wzmacniać, budować, wpływać na podejmowanie dobrych decyzji, pokazywać, że można być spełnionym człowiekiem.

Takie nastawienie do życia już od wielu lat nadaje głęboki sens mojemu życiu i budzi we mnie energię, która pozwala mi być niemal przez cały czas zaangażowanym we wszystko, czym się zajmuję.

Ale powróćmy do szczęścia. Kiedy jesteś osobą wdzięczną, zauważasz intencje, a nie określone czyny. Raczej myślisz o tym, co masz, niż o tym, czego Ci brakuje. Kontrolujesz siebie w różnych aspektach życia, na przykład pamiętasz, aby nie wynosić się nad innych. Kiedy doceniasz to, co masz, i to, co Cię spotyka, rzadko kiedy się smucisz, raczej jesteś pełen pozytywnej energii.

A co wspólnego ze szczęściem ma poczucie własnej wartości?

Kiedy masz zdrowe poczucie własnej wartości, zwyczajnie lubisz siebie. Uśmiechasz się do siebie w łazience, dbasz o siebie, czytasz to, co sprawia Ci przyjemność, jesz smaczne potrawy, wychodzisz na spacery, do kina, teatru, odwiedzasz gabinety spa. Wyznaczasz sobie cele, które są w zasięgu Twoich możliwości, są realistyczne. A kiedy lubisz siebie, to lubisz też innych. Jeśli rozumiesz, kim jesteś, nie oczekujesz od siebie tego, czego nie jesteś w stanie zrobić, a to tworzy harmonię. Kiedy jesteś osobą, która wierzy w siebie, wyznaczasz sobie cele i je osiągasz, co również uszczęśliwia.

Gdy jesteś wnikliwy, nie oceniasz, a tym bardziej nie osądzasz – takie postępowanie Cię uszczęśliwia. Ponadto dzięki wnikliwości jesteś specjalistą od rozwiazywania życiowych wyzwań – to jest źródłem szczęścia. Jeśli jesteś wytrwały i kończysz to, co zaczynasz, stajesz się osobą, której inni ufają. Ufasz także sam sobie, co również Cię uszczęśliwia.

Będąc odważnym, robisz to, czego wielu się obawia i rezygnuje z różnych okazji.

Przekraczanie granic i podejmowanie się trudnych zadań rodzą świadomość bycia potrzebnym. Odwaga to wybitny atrybut szczęśliwego człowieka. Podobnie kiedy jesteś entuzjastyczny, to Twój uśmiech, radość, zadowolenie są dowodami, że jesteś szczęśliwy.

A kiedy entuzjazm nas nie opuszcza? Gdy zajmujemy się na co dzień tym, co jest też naszą pasją, czymś, co kochamy, co będziemy w stanie robić nawet bez zapłaty. Dla człowieka, który jest realistą, bycie szczęśliwym jest w pewnym sensie naturalne. Nie chodzi mi o bycie pesymistą. Tylko realistą, który jest bardzo zaangażowany w poszukiwanie rozwiązań w różnych obszarach życia.

Jestem przekonany, że szczęśliwy jest ten, kto lubi się uczyć, kto poznał swoje zdolności do przyswajania wiedzy i ma plan własnej edukacji – uczenie się jest czymś pięknym i to nas różni od innych stworzeń.

Czyż to nie cud, że umiemy mówić, pisać, czytać, słuchać pięknej muzyki, malować, rzeźbić?

Aby to wszystko można było robić, potrzebny jest impuls do nauki, jej głód, jej pragnienie.

Ci, którzy odkryli, że zaspokajanie tej potrzeby daje szczęście, są w pewnym sensie zwycięzcami – ludźmi doświadczającymi uczucia ekscytacji. Ci z nas, którzy kochają się uczyć, rozumieją, jak w trakcie nauki czas gna niczym rozpędzony pociąg.

Nie wiadomo kiedy mija pięć godzin. Jest to tak zwany stan *flow*.

Zatem odkryj własny sposób na naukę i doświadczaj szczęścia.

Posiadanie różnych umiejętności, takich jak asertywność, wyznaczanie celów, planowanie, podejmowanie decyzji, ustalanie priorytetów, to również źródło pełni szczęścia. Dlatego ich rozwijanie jest naprawdę fascynującym zajęciem.

Czy potrafisz sobie wyobrazić człowieka, który posiada umiejętność ustalania priorytetów?

On po prostu wie, co ma zrobić w pierwszej kolejności, i to robi.

Nie odkłada spraw ważnych na koniec, bo rozumie, że dysponuje określonym zasobem energii.

I kiedy postępuje zgodnie z posiadaną umiejętnością, jest z siebie zadowolony.

To owoc jego pracy nad daną umiejętnością.

Skoro szczęście wynika z utrzymywania dobrych relacji z innymi, to zapewne warto się pochylić nad tym, w jaki sposób można rozwinąć w sobie pozytywne nastawienie, które pozwala nam na niewdawanie się w konflikty z innymi. Nasza postawa wobec innych ludzi czy zdarzeń jest kluczowa zwłaszcza w aspekcie utrzymywania pozytywnych relacji.

Często mówił o tym profesor psychologii **Viktor Frankl:** „Ostatnią z ludzkich wolności pozostaje wybór postawy wobec dowolnego zestawu okoliczności". Ten człowiek wiedział, co pisze, bowiem doświadczył ogromu cierpienia i bólu w obozie koncentracyjnym.

Ale dobre relacje z innymi, które dają nam szczęście, to coś więcej niż pozytywne nastawienie. To również motywowanie innych, by wykorzystywali swój potencjał, to ufanie innym, a przede wszystkim obdarzanie ich altruistyczną miłością.

Rozdział 1

Cztery czynniki szczęścia

Czy wiesz, dlaczego wymieniłem aż tyle cech, umiejętności, które wpływają na nasze zadowolenie, na nasze szczęście? Ponieważ wszystkie te elementy są odpowiedzialne za jakość naszego życia. Tak dochodzimy do kolejnego aspektu szczęścia.

Zdaniem wielu myślicieli szczęście ma związek z zaspokajaniem potrzeby rozwoju osobistego. Potrzeby doskonalenia swojej osobowości. Czy też tak myślisz?

Rodzimy się z naturalną potrzebą rozwoju, która jest najsilniejsza w pierwszym okresie życia.

Jako dzieci z ogromnym zapałem i radością chłoniemy wszelkie nowości i intuicyjnie szukamy inspiracji. Niestety, z wiekiem zwykle tracimy spontaniczną chęć poznawania świata; tylko nieliczni zachowują ją na całe życie.

Dlaczego tak się dzieje?

Gdzie się podziewa nasza wrodzona ciekawość i zdolność do zachwycania się życiem? Pod wpływem wychowania i kontaktów ze środowiskiem korygujemy swoje nastawienie i dostosowujemy się do wymagań otoczenia. To bardzo niepokojące zjawisko hamujące naturalny rozwój osobowości.

Czasami słyszymy: „głową muru nie przebijesz", „biednemu zawsze wiatr w oczy", „trzeba się pogodzić z losem".

Czy to możliwe, by jakość życia człowieka zależała niemal wyłącznie od czynników zewnętrznych, a nie od niego samego?

Gdyby Ciebie o to zapytano, jakiej byś udzielił odpowiedzi?

Oczywiście można zacytować wielu znanych myślicieli i powiedzieć, że szczęście zależy od nas samych. Ale czy w to wierzymy? Czy wierzysz w to, że potencjał tkwi w każdym człowieku i tylko czeka, aby go wykorzystać?

Jeśli „głodzisz" wątpliwości, a „karmisz" wiarę w dobro, miłość i rozwój, to jesteś na najlepszej drodze do szczęścia.

Możemy być szczęśliwi niezależnie od okoliczności.

Czy podzielasz taki pogląd? Może nie, a może tak. Zastanówmy się, jak to zrobić? Jak być szczęśliwym, mimo że spotykają Cię różne nieprzyjemne sytuacje? Poszukajmy wspólnie odpowiedzi na to pytanie, rozważając cztery czynniki przybliżające nas do szczęścia.

Oto one:

1. Wiara w to, że jakość naszego życia zależy od nas samych.
2. Poznanie fundamentów szczęścia.
3. Rozpoznanie przeszkód w osiąganiu szczęścia i nauczenie się, jak je pokonywać.
4. Robienie czegoś dla innych.

Rozwinę po kolei każdy z nich.

☼

Rozdział 2

Pierwszy czynnik: przyjęcie odpowiedzialności za własne szczęście

Szczęście zależy od nas samych. Wielu z nas nie wierzy w możliwość wpływania na własne życie. Dlatego nawet jeśli nie jesteśmy z niego zadowoleni i czujemy się zagubieni lub nieszczęśliwi, to nie robimy nic, by poprawić swój los.

Pozwalamy życiu po prostu się toczyć. I tu rodzi się pytanie: dlaczego mamy się zgadzać na to, by przypadek albo inni ludzie decydowali o naszej przyszłości, o naszych marzeniach, o naszym szczęściu?

Czy wiesz, że akceptacja takiego stanu rzeczy wypływa z przekonania, które ktoś nam wpoił?

Zakładam, że ten ktoś nie miał złej woli ani złych intencji, raczej był wprowadzony w błąd przez innych. Przekonania można modyfikować, ale wcześniej musimy poddać je analizie. Zacznijmy więc od następującego pytania: czy Twoim zdaniem istnieje prawo skutku i przyczyny? Niektórzy powiedzą niemal od razu, że oczywiście tak. To zwykła logika.

Ale być może część Czytelników jeszcze o tym nie myślała.

Jeśli się wahasz z odpowiedzią, to zastanów się, jakie jest prawdopodobieństwo, że zostaniesz zwolniony z pracy (na przykład z powodu redukcji etatów), jeśli będziesz znany z tego, że jesteś uczciwy, lojalny, punktualny, wytrwały, entuzjastyczny, odważny, wnikliwy.

Wiadomo, że robisz więcej, niż prosi Cię o to Twój przełożony, posiadasz umiejętności planowania, asertywności, ustalania priorytetów.

Jako kierownik działu jesteś skromny, pokorny, masz optymalne poczucie własnej wartości, wychodzisz z inicjatywą, ufasz innym, masz silną motywację do pracy, a Twoim atrybutem jest pozytywne nastawienie do wyzwań.

Czy Twoja osobowość jest kapitałem dla firmy, w której pracujesz?

Jak myślisz?

Który będziesz w kolejce do zwolnienia, jeżeli przyjdzie recesja?

Oczywiście znamy odpowiedź: prawo skutku i przyczyny jest pewne jak działanie szwajcarskiego zegarka.

Jeśli natomiast nie jesteś świadomy własnej osobowości i jej nie rozwijałeś, może masz nawet dystans do rozwoju, a Twoje relacje z innymi pozostawiają wiele do życzenia, to prawo skutku i przyczyny też zadziała i w chwili próby dowiesz się, że jesteś pierwszy na liście do zwolnienia.

Tak może się stać, nawet jeśli masz tak zwane kompetencje twarde, a więc jesteś specjalistą w jakimś zakresie.

Wiem coś o tym, bo brałem udział w zatrudnianiu ludzi do różnych działów w agencji reklamowej, do pracy w hotelach, w tworzeniu struktur firmy deweloperskiej, a w ostatnim czasie w rekrutacji w fabryce urządzeń okrętowych.

Wiele osób nie ceni rozwoju kompetencji miękkich, a mocno stawia na rozwój kompetencji twardych. Jednak aby być przydatnym w miejscu swojej pracy, trzeba poważnie traktować samorozwój.

Niestety, musiałem brać udział w zwalnianiu ludzi, którzy byli skuteczni w wielu dziedzinach, ale nie przejawiali chęci korzystania ze szkoleń ułatwiających funkcjonowanie firmy. Na pewnym etapie w każdej firmie ważne stają się szczegóły związane z relacjami czy wyznawanymi wartościami, posiadanymi umiejętnościami z zakresu inteligencji emocjonalnej, a także optymalnym poczuciem własnej wartości.

Przypomina mi się pewna myśl, którą usłyszałem wiele lat temu: „Póki życie trwa, zawsze mamy szansę na zmianę jego jakości. Bez względu na to, ile mamy lat – czy stoimy dopiero u progu dorosłości, czy zakończyliśmy aktywne życie zawodowe".

Jest tylko jedno pytanie: czy jesteś gotowy na zmiany, na rozwój, na naukę?

Życie przebiega dokładnie tak, jak je prowadzimy: od jednej decyzji do drugiej. Pewnie niektórzy mają teraz ochotę się sprzeciwić: „Zaraz, zaraz, są przecież sytuacje, których nie możemy przewidzieć i na które nie mamy wpływu. Wypadki, choroby…". Owszem. Ale takie okoliczności nie stanowią przeszkód w podejmowaniu decyzji. Jedynie ograniczają wybór… A czasem paradoksalnie mogą otworzyć przed nami nowe możliwości.

Nawet wtedy, gdy zostajemy zmuszeni do zmiany i mamy ograniczony wybór, na przykład podczas choroby, to i tak zawsze mamy alternatywę.

Zawsze.

Wyobraź sobie, jak mogłoby wyglądać Twoje życie, gdybyś nie skupiał się na zdarzeniach, które Cię spotykają, a na decyzjach, jakie podejmujesz, uwzględniając te zdarzenia. Większość wydarzeń jest przecież niezależna od nas, ale postępowanie i decyzje, jakie podejmujemy pod ich wpływem, już w stu procentach są naszym świadomym działaniem.

Seneka powiedział, że żeglarzowi, który nie wie, dokąd płynie, żaden wiatr nie jest przychylny.

Jak rozumieć te mądre słowa? Żadna droga nie będzie dobra dla człowieka, który nie wie, dokąd zmierza. Nie wystarczy powiedzieć: „chcę być szczęśliwy, pragnę być dobrym mężem, ojcem". Zatem o co chodzi? O zrozumienie i zaakceptowanie tego, że życie wymaga planu.

Aby plan stworzyć, musimy przewidzieć różne okoliczności.

Pamiętam, jak zareagowałem, kiedy przeczytałem około 25 lat temu w pewnej książce, aby napisać swoją własną wizję życia, napisać misję swojego życia, ale również napisać – a wcześniej wnikliwe przemyśleć – strategię, która stanie się narzędziem realizacji mojej wizji i misji.

Byłem zszokowany.

To było dla mnie jak odkrycie największego sekretu.

A jakie Ty masz o tym zdanie?

Czy takie podejście do życia jest według Ciebie słuszne?

Analiza zachowań tych, którzy żyją szczęśliwie, są spełnieni, wskazuje, że nie ma innej drogi.

Smutne to, ale prawdziwe, że ani szkoły, ani w większości nasi rodzice nie uczą nas, że szczęście to nie przypadek, że szczęście to zbiór zasad i wartości, które albo uznamy za prawdziwe i zastosujemy, albo tylko o nich porozmawiamy, ale nie weźmiemy ich sobie do serca.

Większość ludzi dąży do szczęścia. I tu rodzi się kolejne ważne pytanie: skąd miałbyś wiedzieć, którą drogę wybrać, gdybyś nie odpowiedział sobie na pytanie, co jest dla Ciebie szczęściem?

Czy wiesz, że aby być szczęśliwym człowiekiem, należy kierować się konkretnymi zasadami?

Poznanie ich i uznanie za słuszne będzie pierwszym krokiem do uwolnienia potencjału zamkniętego w Twoim wnętrzu. Czym jednak jest szczęście? Czy można być szczęśliwym długotrwale?

Czy dla każdego człowieka bycie szczęśliwym oznacza to samo?

Zastanówmy się, czym jest szczęście.

Odpowiedzi na te pytania nie są ani proste, ani jednoznaczne. Od wieków poszukują ich najwybitniejsi myśliciele. Istnieje nawet odrębna dziedzina wiedzy zajmująca się tym zagadnieniem: felicytologia. Myśliciele antyczni uważali, że szczęście jest jedynym celem życia człowieka.

Na określenie szczęścia używali słowa „eudajmonia".

Niemal wszyscy zgadzali się, że stan ten można osiągnąć poprzez zdobycie jak największej ilości dóbr.

Czy więc zachęcali, by skupiać się na gromadzeniu rzeczy materialnych? Absolutnie nie!

„Dobra" w rozumieniu większości myślicieli greckich były zazwyczaj czymś innym.

Niektórzy twierdzili, że chodzi o doznawanie przyjemności, inni, że o dobra moralne. Jeszcze inni przekonywali, że muszą to być wszelkie dobra naraz. Pełnię szczęścia, według definicji przyjmowanych przez starożytnych Greków, możemy dziś rozumieć jako zadowolenie z życia.

Jak widać, pojęcie „szczęścia" można różnie interpretować.

Niezmienne jest to, że szczęście opiera się na stałych, pozytywnych wartościach, choć równocześnie każdy z nas może je postrzegać trochę inaczej.

Niemal wszystkie koncepcje zawierają to samo przekonanie: szczęście wypływa z wnętrza człowieka. A jak współcześnie pojmujemy szczęście?

W dzisiejszych czasach na co dzień coraz rzadziej używamy słowa „szczęście". Raczej mówimy o sukcesie. Co rozumiemy pod pojęciem sukcesu? Najczęściej zdobycie przeróżnych dóbr.

Należą do nich znakomite wykształcenie, świetna (czyli dobrze płatna) praca, awans, piękny dom, nowoczesny samochód i temu podobne.

Czy pod wpływem wszechobecnej komercji wielu osobom nie wydaje się, że wszystko można kupić?

Że każde marzenie można spełnić w galerii handlowej czy studiu urody? A jeśli do tego jeszcze dojdzie sława?

Czy czulibyśmy się spełnieni, gdybyśmy mieli to wszystko? Zastanówmy się nad tym ☺. Kiedy posłuchamy tych, którzy są sławni i majętni, usłyszymy, że szczęście nie jest tożsame z sukcesem rozumianym jako zdobycie sławy i majątku.

To złudzenie, że do szczęścia wystarczy sukces materialny i posiadanie coraz to nowych rzeczy.

To wymysł specjalistów od marketingu posługujących się propagandą i manipulujących faktami.

Dążymy do szczęścia... Czyli do czego? Jak rozumieć to pojęcie?

Słowniki języka polskiego podają kilka znaczeń tego słowa. Jedno z nich mówi, że szczęście to: „uczucie zadowolenia, upojenia, radości, a także wszystko, co wywołuje ten stan".

Czy zgadzasz się z nim?

Szczęście, którego doznajemy, może utrzymywać się przez chwilę lub być stanem długotrwałym.

Odczucie chwilowe to radość lub zadowolenie z czegoś, co właśnie się zdarzyło.

Taką przyjemność sprawiają nam bardzo różne rzeczy: awans zawodowy, zakończenie projektu, ślub, narodziny dziecka, zakup domu, samochodu, butów czy udział w spektaklu teatralnym.

To bardzo silne doznanie trwa tylko przez pewien ograniczony czas.

Inaczej jest, jeśli pomyślimy o szczęściu jak o satysfakcji z całego życia.

Jak widzimy, nie ma jednej prostej definicji szczęścia.

Za to jest wiele aspektów, które warto poddawać analizie, a tym samym pogłębiać ten temat.

Czas na postawienie kolejnego ważnego pytania: jakie są fundamenty trwałego szczęścia?

Rozdział 3

Drugi czynnik: poznanie fundamentów szczęścia

Szczęście osiągamy, postępując zgodnie z własnym systemem wartości.

To zaś możliwe jest jedynie wówczas, gdy posiadamy świadomość zasad, którymi warto się kierować.

Gdy postąpimy wbrew własnym przekonaniom, pojawią się nieprzyjemne uczucia: wstyd, wyrzuty sumienia, zażenowanie.

Są one spowodowane rozdźwiękiem między zachowaniem a wartościami.

Aby rozwiązywać takie, a często jeszcze bardziej skomplikowane problemy, potrzebujemy kryteriów, zgodnie z którymi będziemy podejmować decyzje. Te kryteria są wyznaczane przez system wartości – fundament naszego szczęścia.

Opierają się na nim wszystkie dziedziny naszego życia. Jeśli będziemy postępować zgodnie z kierunkiem wskazanym przez dobrze określone wartości, mamy szansę na spełnione, szczęśliwe życie.

Zyskamy spokój i poczucie bezpieczeństwa, a to pozwoli nam skupić się na rozwijaniu własnego potencjału.

Jesteśmy wolni i w każdym momencie życia o czymś decydujemy.

Wolna wola pozwala na samodzielne podejmowanie różnych decyzji, od błahych (co zjeść na kolację, co obejrzeć w telewizji, jak się ubrać) po bardzo istotne (czy przyjąć nową pracę, z kim zawrzeć związek małżeński, czy mieć dzieci, jak się opiekować obłożnie chorym rodzicem). Niektóre, na przykład dobranie butów do garnituru, są błahostkami, ale wiele z nich to prawdziwe dylematy egzystencjalne.

Oto przykłady:

Twój współpracownik systematycznie wynosi z biura różne drobne przedmioty: papier do drukarki, toner, zszywki i temu podobne.

W końcu kierownik działu zaczyna się zastanawiać, gdzie znikają te artykuły. Pyta, czy nie wiesz, co się z nimi dzieje.

Jaka będzie Twoja odpowiedź? Będziesz kryć kolegę czy wskażesz złodzieja?

Niespodziewanie szef proponuje Ci awans wiążący się z dużo wyższym wynagrodzeniem. Ten awans należał się jednak komuś innemu i doskonale o tym wiesz. Przyjmiesz propozycję czy nie?

Wewnętrznym świadkiem i sędzią naszych poczynań jest sumienie. To ono wystawia nam ocenę. Raz oskarża, innym razem staje w naszej obronie. Sumienie tak długo będzie naszym sprzymierzeńcem, jak długo będziemy wierni wartościom.

Czy sumienie można zagłuszyć? Tak, i to na długo.

Można je nawet zniszczyć, jeśli podporządkujemy życie wygodnym pseudowartościom i zaczniemy postępować zgodnie z zasadami, które w każdej chwili można łatwo nagiąć do rzeczywistości, na przykład:

- będę uczciwy, jeśli państwo będzie wobec mnie uczciwe;
- będę mówił prawdę, jeśli inni będą prawdomówni;
- będę pomagał, jeśli to mi się opłaci.

Czy można być uczciwym, przyzwoitym lub szlachetnym pod jakimiś warunkami?

To wyłącznie tłumaczenia, którymi niekiedy się posługujemy, żeby usprawiedliwić czyny niezgodne z przyjętymi przez nas wartościami.

Czy warto „na chwilę" odchodzić od zasad? Dokonywać precedensu?

Precedensy bardzo łatwo zmieniają się w nawyki, choćbyśmy nie wiem jak się zarzekali, że tylko ten jeden jedyny raz postąpimy inaczej, niż dyktuje nam sumienie.

Jeśli będziemy postępować zgodnie z kierunkiem wskazanym przez dobrze określone wartości, mamy szansę na spełnione, szczęśliwe życie.

Na drodze do satysfakcjonującego życia napotykamy wiele przeciwności; przyjrzyjmy się im.

☼

Rozdział 4

Trzeci czynnik: przeszkody w osiąganiu szczęścia

Część przeciwności, jakie napotykamy na drodze do satysfakcjonującego życia, jest od nas niezależna, na przykład śmierć kogoś z rodziny, choroba, utrata pracy, majątku lub inne nieszczęścia dotykające nas samych albo osoby w naszym bliskim otoczeniu.

Inne przeszkody pochodzą z naszego wnętrza i są mocno zakorzenione w psychice. Jak je pokonywać?

Niektórzy utwierdzają się w błędnym przekonaniu, że są skazani na życie niskiej jakości.

Nie potrafią wyciągać pozytywnych wniosków z przykrych doświadczeń.

Często przyczyną niewyciągania wniosków jest brak pokory rozumianej w tym przypadku jako zdolności do bycia uczciwym wobec siebie i przyznawania się do własnych błędów.

Porażka może każdego z nas wzmocnić pod warunkiem, że przeanalizujemy ją i zrozumiemy, dlaczego do niej doszło.

Jeśli chcemy się rozwijać, to nie będziemy szukać winnych naszych niepowodzeń. Nie będziemy się też stawiać w pozycji ofiary – to wygodna postawa, bo pozwala na bierność, ale w żaden sposób nie zbliża nas do życia, które uznalibyśmy za satysfakcjonujące.

Z zetknięcia z każdą przeciwnością losu możemy wyjść silniejsi, jeśli zrozumiemy znaczenie rozwoju osobistego i potraktujemy przeszkody jako kolejne etapy doskonalenia osobowości. Ważne, byśmy potrafili odróżniać to, co możemy zmienić, od tego, co musimy przyjąć.

Oto przykład wskazujący na realną możliwość przyjmowania tego, co od nas niezależne:

Mark O'Brien, poeta i dziennikarz, we wczesnym dzieciństwie przeszedł polio.

Choroba spowodowała całkowity paraliż i pozbawiła go kontaktu z otoczeniem. Poruszał jedynie jednym z mięśni szyi. Specjalnie dla niego skonstruowano urządzenie sterowane tym jedynym świadomie poruszanym mięśniem. Było połączone z maszyną do pisania. Gdy ukończył piętnaście lat, opublikowano jego pierwszą książkę – zbiór wierszy. Później napisał wiele artykułów i autobiografię, które otwierały przed czytelnikiem świat osoby sparaliżowanej, niemej, pozbawionej możliwości komunikowania się z otoczeniem.

Za swoje publikacje Mark otrzymał liczne nagrody i wiele dobrych recenzji. Czego uczy nas ten przykład?

Mark skupił się na tym, co może zrobić, nie zaś na tym, czego zrobić nie może. Nie robił z siebie ofiary, która potrzebuje litości. Zaakceptował swoją niepełnosprawność, czyli to, na co nie miał wpływu.

Jego energia życiowa zrodziła się, gdy postanowił nie być utyskiwaczem, gderającym inwalidą czy narzekającym na swój los smutnym człowiekiem.

Jeszcze raz podkreślmy – zrozumiał, że może kontrolować swoje myślenie, więc uczynił to i odnalazł spełnienie w byciu pisarzem. Do przeszkód leżących w naszej psychice zaliczamy między innymi gniew, obawę przed porażką i opinią publiczną, kompleks niższości, lenistwo, nudę czy zazdrość.

Najważniejszą rzeczą w ich pokonywaniu jest zdanie sobie sprawy z samego faktu istnienia przeszkody.

Możemy to osiągnąć poprzez wnikliwą obserwację własnych reakcji (co wymaga dystansu do siebie) i uważne słuchanie innych.

Czy też tak uważasz?

Skoro mówimy o przeszkodach wewnętrznych, to powiedzmy jeszcze o jednym wirusie, który niszczy nasz potencjał i zniechęca do przejawiania inicjatywy.

O czym mowa? O narzekaniu!

Wywołuje ono złudzenie, że cokolwiek załatwiamy. To jak czekanie na cud. Szczęście jednak nie jest cudem. Możemy o nie zadbać samemu i każdego dnia podejmować działania, które nas do niego zbliżą.

Zastanów się zatem, jaki masz pogląd na temat narzekania?

Najkrócej pisząc, narzekanie to skuteczny sposób na rozstrajanie samego siebie, na oddalanie się od bycia szczęśliwym i pełnym wigoru.

Narzekanie to w pewnym sensie zadawanie sobie bólu emocjonalnego, który zabija w nas chęci i inicjatywę.

Zastanów się, czy zdarza Ci się być apatycznym, zniechęconym?

Jeśli tak, to pomyśl o prawie skutku i przyczyny.

Zastanów się, czy możesz zrobić sobie prezent i zaprzestać narzekania.

Gdy już to zrobisz, nawet na próbę (na przykład przez 72 godziny), to szybko przekonasz się, że będziesz uciekał od każdej myśli, która miałaby Cię wprowadzać w stan bierności, w stan smutku.

U mnie było tak, że kiedy pracowałem nad pozbyciem się tego toksycznego nawyku – nawyku narzekania – to miałem silne wrażenie, że umysł walczy, abym jednak trwał w tym stanie myślenia i mówienia o tym, co złe, niebezpieczne, negatywne. Prowadziłem ze sobą trudny dialog wewnętrzny. Ale myślenie o nagrodzie –

czyli o większej ilości energii, o jakości relacji – bardzo mnie motywowało do zwycięstwa w tej walce.

Jak już zdecydujesz się na ten krok i przestaniesz narzekać, zobaczysz, że Twoje wcześniejsze życie było jakby zamglone. Uruchomisz swój emocjonalny noktowizor, który całkowicie zmieni Twoje życie, i zaczniesz odczuwać pragnienie realizowania różnych wartościowych celów.

Wyzwaniem będzie nieuczestniczenie w narzekaniu innych ludzi.

Ale i z tym sobie poradzisz, opracowując strategie bycia asertywnym.

Rozdział 5

Czwarty czynnik: szczęście wynikające z dawania

Czy człowiek, który poszukuje szczęścia, może się skupiać wyłącznie na sobie? Co prawda szlifowanie osobowości i kształtowanie przydatnych cech zapewni nam szczęście, ale... względne.

Staniemy się ludźmi niezależnymi, będziemy dawać sobie radę z rzeczywistością. To jednak nie wszystko. Aby być w pełni szczęśliwym, trzeba też robić coś dla innych. Ważna jest tutaj szczerość intencji.

Nie tak dawno jeden z ośrodków medycznych dał swoim studentom możliwość wczucia się w rolę starszych ludzi. Przygotował akcesoria, dzięki którym studenci mogli się poczuć jak staruszkowie – mogli niedosłyszeć, niedowidzieć, mieć trudności w poruszaniu się i chwytaniu przedmiotów.

To było pouczające doświadczenie.

Czy pomyślałeś kiedyś, że rodzice być może nie zrealizowali swoich marzeń, ponieważ byli zajęci wychowywaniem Ciebie?

Czy pomyślałeś choć raz, o czym marzyli w czasach młodości, o czym teraz marzą? Co chcieliby jeszcze osiągnąć w życiu?

Może warto o tym pomyśleć, póki jeszcze można coś zrobić.

Wystarczy z nimi rozmawiać i dzielić się własnymi przeżyciami, wspólnie pójść na spacer, poczytać książkę, zawieźć ich do rodzinnej miejscowości lub w odwiedziny do przyjaciół.

To wszystko wymaga niewiele zachodu, a przynosi ogromne korzyści.

Nie tylko tym, którym pomagamy.

Im sprawiamy radość, a w sobie kształtujemy empatię i altruizm.

To może być pierwszy krok do zauważania potrzebujących w naszym otoczeniu.

Warto poświęcić trochę czasu, by wejść w świat ludzi potrzebujących.

Pozwala to zorientować się, kto rzeczywiście potrzebuje pomocy, i poczuć, jak to jest, gdy człowiek znajduje się w sytuacji na pierwszy rzut oka bez wyjścia.

Tego typu projekt zrealizowała telewizja BBC. Do programu zaproszono milionerów.

Incognito wtapiali się oni w środowisko ludzi, którym zamierzali pomóc.

Były to peryferia dużych miast z wysokim wskaźnikiem zabójstw i demoralizacji nieletnich, osiedla bezrobotnych lub grupy ludzi z jakiegoś powodu osamotnionych i biednych.

Milionerzy mieszkali tak jak wszyscy, ubierali się tak jak wszyscy i pracowali jako wolontariusze w upatrzonych stowarzyszeniach.

Co to były za organizacje?

W języku formalnym powiedzielibyśmy, że były oddolne, czyli założone przez ludzi dla ludzi, bez pośrednictwa urzędników.

Ich twórcy wcale nie byli w lepszym położeniu niż podopieczni, po prostu trochę lepiej dawali sobie radę i posiadali dużo życzliwości dla innych.

Zakładali więc kluby skupiające osoby w podobnej sytuacji życiowej: bezrobotnych, dzieci wychowywane przez ulicę, samotnych rodziców borykających się z codziennością.

Przychodzący do klubów nie mogli raczej liczyć na pomoc finansową, bo kierujący stowarzyszeniami sami niewiele mieli. Dawali im jednak wsparcie, pośredniczyli w kontaktach z urzędami państwowymi i lokalnymi oraz stwarzali warunki, w których można było spokojnie posiedzieć, umyć się i napić herbaty.

Milionerzy integrowali się z wybraną przez siebie grupą.

Dopiero po jakimś czasie ujawniali swoją tożsamość i ofiarowywali sporą sumę pieniędzy na klub lub stowarzyszenie, a osobno na wsparcie człowieka, który był jego założycielem lub animatorem.

Warto było widzieć reakcje osób, które nie spodziewały się tak dużej pomocy. Ciekawa jest motywacja dobrze sytuowanych ludzi biorących udział w programie.

Mówili oni na przykład: „Zawsze, kiedy było mi źle, znalazł się ktoś, kto mi pomógł...", „Byłem kiedyś na najlepszej drodze, żeby się stoczyć. Wyszedłem z tego, teraz chcę pomóc innemu dziecku...", „Pamiętam, że sama byłam dzieckiem samotnym, z niezwykle niskim poczuciem własnej wartości. Może dzięki mnie choć jedno dziecko przestanie się tak czuć...".

Budujące było to, że zaangażowani do programu milionerzy nie ograniczali się do udziału w tej jednej akcji.

Często zaprzyjaźniali się z obdarowanymi i wspierali ich znacznie dłużej, niż trwał program.

Życzliwość i szczera pomoc oferowana innym wpływa pozytywnie zarówno na obdarowanego, jak i na darczyńcę.

Może się stać początkiem korzystnej przemiany. Rodzi wzajemność.

Altruizm i empatia są uczuciami, które wracają do nas w postaci radości i stanowią źródło szczęścia.

Warto więc wykształcić je w sobie i brać pod uwagę w życiu codziennym.

Bez względu na nasz wiek… Bez względu na to, czy stoimy dopiero u progu dorosłości, czy też zakończyliśmy aktywność zawodową – póki życie trwa, mamy szansę na poprawę jego jakości.

Co mógłbyś zapamiętać?

Podsumujmy opisane wcześniej czynniki, które przybliżają nas do szczęścia rozumianego jako satysfakcja z życia.

Szczęście nie jest cudem. Trzeba o nie zadbać samemu i każdego dnia podejmować działania, które nas do niego zbliżają. Znajdźmy sposób, aby uwierzyć, że możemy zwiększyć jakość naszego życia.

Skuteczną metodą jest zapoznanie się z historiami innych zwyczajnych ludzi, którzy dowiedli, że zmiana przekonań kieruje człowieka na drogę możliwości.

Fałszywe, niezgodne z prawdą poglądy o szczęściu jako przypadku pozbawiają wielu chęci do prób, do wyznaczania celów.

Dlatego bądźmy otwarci na poznawanie różnych poglądów i zastanawiajmy się nad nimi.

Poprzez takie próby dajemy dochodzić do głosu naszej intuicji, która na pewno da o sobie znać. W pewnym momencie poczujemy, że jakieś zachowanie jest tym, co powinniśmy czynić, aby odczuwać szczęście – głęboki, pozytywny stan umysłowy, który przynosi nam spokój, harmonię i spełnienie.

Nie dajmy wiary obiegowym ani powierzchownym pojęciom szczęścia oraz sukcesu.

Szczęście nie jest tożsame z sukcesem rozumianym jako zdobycie sławy i majątku.

Sukces przynosi jedynie chwilowe zadowolenie, a nie o to przecież nam chodzi.

Dla każdego z nas szczęście może mieć trochę inny kształt. Kształt, który jest odzwierciedleniem naszych planów i marzeń. Głównym filarem, na którym możemy oprzeć budowanie naszego szczęścia, jest kierowanie się w życiu nadrzędnymi wartościami i wzniosłymi ideami.

W drodze do szczęścia nieocenione mogą się okazać wskazówki płynące od ludzi cieszących się uznaniem i szacunkiem otoczenia, a także wartościowe lektury. Mogłeś przeczytać o przeszkodach na drodze do szczęścia. Uznanie, że takie przeciwności istnieją, świadczy o dojrzałości i realizmie.

Czy należy się nimi zrażać? Nie jest to łatwe pytanie.

Wiem tylko, że kiedy pokonywałem przeciwności, stawałem się silniejszy pod względem emocjonalnym.

Jeśli czujesz w sobie gotowość do trwałych zmian, zrób sobie prezent, który odmieni Twoje życie i wprowadzi Cię do świata nowych możliwości – domyślasz się już pewnie, że mam na myśli usunięcie ze swego umysłu nawyku narzekania. To cud, że eliminując tylko ten jeden fatalny wirus umysłu, jesteśmy w stanie wznieść nasze życie na inny poziom.

Co jeszcze możemy dodać?

Nie staniemy się ludźmi w pełni szczęśliwymi, jeśli nie będziemy robić czegoś dla innych. Zatem jak najszybciej zróbmy plan pozwalający nam doświadczyć radości wynikającej z dawania.

Mam nadzieję, że Twoje przekonanie w kwestii budowania trwałego szczęścia jest podobne do mojego: można je odnaleźć poprzez rozwijanie siebie, czyli doskonalenie osobowości.

Jest jeszcze jeden bardzo ważny czynnik zapewniający szczęście – jest nim zaspokajanie potrzeb duchowych. Uznałem, że książka ta nie jest właściwym miejscem do opisania tego czynnika. Żywię jednak przekonanie, że pełnię szczęścia możemy uzyskać, uznając za wartość nadrzędną w swoim życiu spełnianie woli Bożej. Tak jest w moim przypadku – filarem mojego szczęścia jest szukanie Bożego kierownictwa i spełnianie jego woli.

Bibliografia

Albright M., Carr C., *Największe błędy menedżerów*, Warszawa 1997.
Allen B.D., Allen W.D., *Formuła 2+2. Skuteczny coaching*, Warszawa 2006.
Anderson Ch., *Za darmo: przyszłość najbardziej radykalnej z cen*, Kraków 2011.
Anthony R., *Pełna wiara w siebie*, Warszawa 2005.
Ariely D., *Zalety irracjonalności. Korzyści z postępowania wbrew logice w domu i pracy*, Wrocław 2010.
Bates W.H., *Naturalne leczenie wzroku bez okularów*, Katowice 2011.
Bettger F., *Jak umiejętnie sprzedawać i zwielokrotnić dochody*, Warszawa 1995.
Blanchard K., Johnson S., *Jednominutowy menedżer*, Konstancin-Jeziorna 1995.
Blanchard K., O'Connor M., *Zarządzanie poprzez wartości*, Warszawa 1998.
Bogacka A.W., *Zdrowie na talerzu*, Białystok 2008.
Bollier D., *Mierzyć wyżej. Historie 25 firm, które osiąg-

nęły sukces, łącząc skuteczne zarządzanie z realizacją misji społecznych, Warszawa 1999.

Bond W.J., *199 sytuacji, w których tracimy czas, i jak ich uniknąć*, Gdańsk 1995.

Bono E. de, *Dziecko w szkole kreatywnego myślenia*, Gliwice 2010.

Bono E. de, *Sześć kapeluszy myślowych*, Gliwice 2007.

Bono E. de, *Sześć ram myślowych*, Gliwice 2009.

Bono E. de, *Wodna logika. Wypłyń na szerokie wody kreatywności*, Gliwice 2011.

Bossidy L., Charan R., *Realizacja. Zasady wprowadzania planów w życie*, Warszawa 2003.

Branden N., *Sześć filarów poczucia własnej wartości*, Łódź 2010.

Branson R., *Zaryzykuj – zrób to! Lekcje życia*, Warszawa-Wesoła 2012.

Brothers J., Eagan E, *Pamięć doskonała w 10 dni*, Warszawa 2000.

Buckingham M., *To jedno, co powinieneś wiedzieć... o świetnym zarządzaniu, wybitnym przywództwie i trwałym sukcesie osobistym*, Warszawa 2006.

Buckingham M., *Wykorzystaj swoje silne strony. Użyj dźwigni swojego talentu*, Waszawa 2010

Buckingham M., Clifton D.O., *Teraz odkryj swoje silne strony*, Warszawa 2003.

Butler E., Pirie M., *Jak podwyższyć swój iloraz inteligencji?*, Gdańsk 1995.

Buzan T., *Mapy myśli*, Łódź 2008.

Buzan T., *Pamięć na zawołanie*, Łódź 1999.

Buzan T., *Podręcznik szybkiego czytania*, Łódź 2003.

Buzan T., *Potęga umysłu. Jak zyskać sprawność fizyczną i umysłową: związek umysłu i ciała*, Warszawa 2003.

Buzan T., Dottino T., Israel R., *Zwykli ludzie – liderzy. Jak maksymalnie wykorzystać kreatywność pracowników*, Warszawa 2008.

Carnegie D., *I ty możesz być liderem*, Warszawa 1995.

Carnegie D., *Jak przestać się martwić i zacząć żyć*, Warszawa 2011.

Carnegie D., *Jak zdobyć przyjaciół i zjednać sobie ludzi*, Warszawa 2011.

Carnegie D., *Po szczeblach słowa. Jak stać się doskonałym mówcą i rozmówcą*, Warszawa 2009.

Carnegie D., Crom M., Crom J.O., *Szkoła biznesu. O pozyskiwaniu klientów na zawsze*, Waszrszawa 2003

Cialdini R., *Wywieranie wpływu na ludzi*, Gdańsk 1998.

Clegg B., *Przyspieszony kurs rozwoju osobistego*, Warszawa 2002.

Cofer C.N., Appley M.H., *Motywacja: teoria i badania*, Warszawa 1972.

Cohen H., *Wszystko możesz wynegocjować. Jak osiągnąć to, co chcesz*, Warszawa 1997. r Covey S.R., 3. rozwiązanie, Poznań 2012.

Covey S.R., *7 nawyków skutecznego działania*, Poznań 2007.

Covey S.R., *8. nawyk*, Poznań 2006.

Covey S.R., Merrill A.R., Merrill R.R., *Najpierw rzeczy najważniejsze*, Warszawa 2007.

Craig M., *50 najlepszych (i najgorszych) interesów w historii biznesu*, Warszawa 2002.

Csikszentmihalyi M., *Przepływ: psychologia optymalnego doświadczenia*, Wrocław 2005

Davis R.C., Lindsmith B., *Ludzie renesansu: umysły, które ukształtowały erę nowożytną*, Poznań 2012

Davis R.D., Braun E.M., *Dar dysleksji. Dlaczego niektórzy zdolni ludzie nie umieją czytać i jak mogą się nauczyć*, Poznań 2001.

Dearlove D., *Biznes w stylu Richarda Bransona. 10 tajemnic twórcy megamarki*, Gdańsk 2009.

DeVos D., *Podstawy wolności. Wartości decydujące o sukcesie jednostek i społeczeństw*, Konstancin-Jeziorna 1998.

DeVos R.M., Conn Ch.P., *Uwierz! Credo człowieka czynu, współzałożyciela Amway Corporation, hołdującego zasadom, które uczyniły Amerykę wielką*, Warszawa 1994.

Dixit A.K., Nalebuff B.J., *Myślenie strategiczne. Jak zapewnić sobie przewagę w biznesie, polityce i życiu prywatnym*, Gliwice 2009.

Dixit A.K., Nalebuff B.J., *Sztuka strategii. Teoria gier w biznesie i życiu prywatnym*, Warszawa 2009.

Dobson J., *Jak budować poczucie wartości w swoim dziecku*, Lublin 1993.

Doskonalenie strategii (seria *Harvard Bussines Review*), praca zbiorowa, Gliwice 2006.

Dryden G., Vos J., *Rewolucja w uczeniu*, Poznań 2000.

Dyer W.W., *Kieruj swoim życiem*, Warszawa 2012.

Dyer W.W., *Pokochaj siebie*, Warszawa 2008.

Edelman R.C., Hiltabiddle T.R., Manz Ch.C., *Syndrom miłego człowieka*, Gliwice 2010.

Eichelberger W., Forthomme P., Nail F., *Quest. Twoja droga do sukcesu. Nie ma prostych recept na sukces, ale są recepty skuteczne*, Warszawa 2008.

Enkelmann N.B., *Biznes i motywacja*, Łódź 1997.

Eysenck H. i M., *Podpatrywanie umysłu. Dlaczego ludzie zachowują się tak, jak się zachowują?*, Gdańsk 1996.

Ferriss T., *4-godzinny tydzień pracy. Nie bądź płatnym niewolnikiem od 7.00 do 17.00*, Warszawa 2009.

Flexner J.T., Waschington. *Człowiek niezastąpiony*, Warszawa 1990.

Forward S., Frazier D., *Szantaż emocjonalny: jak obronić się przed manipulacją i wykorzystaniem*, Gdańsk 2011.

Frankl V.E., *Człowiek w poszukiwaniu sensu*, Warszawa 2009.

Fraser J.F., *Jak Ameryka pracuje*, Przemyśl 1910.

Freud Z., *Wstęp do psychoanalizy*, Warszawa 1994.

Fromm E., *Mieć czy być*, Poznań 2009.

Fromm E., *Niech się stanie człowiek. Z psychologii etyki*, Warszawa 2005.

Fromm E., *O sztuce miłości*, Poznań 2002.

Fromm E., *O sztuce słuchania. Terapeutyczne aspekty psychoanalizy*, Warszawa 2002.

Fromm E., *Serce człowieka. Jego niezwykła zdolność do dobra i zła*, Warszawa 2000.

Fromm E., *Ucieczka od wolności*, Warszawa 2001.

Fromm E., *Zerwać okowy iluzji*, Poznań 2000.

Galloway D., *Sztuka samodyscypliny*, Warszawa 1997.

Gardner H., *Inteligencje wielorakie – teoria w praktyce*, Poznań 2002.

Gawande A., *Potęga checklisty: jak opanować chaos i zyskać swobodę w działaniu*, Kraków 2012.

Gelb M.J., *Leonardo da Vinci odkodowany*, Poznań 2005.

Gelb M.J., Miller Caldicott S., *Myśleć jak Edison*, Poznań 2010.

Gelb M.J., *Myśleć jak geniusz*, Poznań 2004.

Gelb M.J., *Myśleć jak Leonardo da Vinci*, Poznań 2001.

Giblin L., *Umiejętność postępowania z innymi...*, Kraków 1993.

Girard J., Casemore R., *Pokonać drogę na szczyt*, Warszawa 1996.

Glass L., *Toksyczni ludzie*, Poznań 1998.

Godlewska M., *Jak pokonałam raka*, Białystok 2011.

Godwin M., *Kim jestem? 101 dróg do odkrycia siebie*, Warszawa 2001.

Goleman D., *Inteligencja emocjonalna*, Poznań 2002.

Gordon T., *Wychowywanie bez porażek szefów, liderów, przywódców*, Warszawa 1996.

Gorman T., *Droga do skutecznych działań. Motywacja*, Gliwice 2009.

Gorman T., *Droga do wzrostu zysków. Innowacja*, Gliwice 2009.

Greenberg H., Sweeney P., *Jak odnieść sukces i rozwinąć swój potencjał*, Warszawa 2007.

Habeler P., Steinbach K., *Celem jest szczyt*, Warszawa 2011.

Hamel G., Prahalad C.K., *Przewaga konkurencyjna jutra*, Warszawa 1999.

Hamlin S., *Jak mówić, żeby nas słuchali*, Poznań 2008.

Hill N., *Klucze do sukcesu*, Warszawa 1998.

Hill N., *Magiczna drabina do sukcesu*, Warszawa 2007.

Hill N., *Myśl!... i bogać się. Podręcznik człowieka interesu*, Warszawa 2012.

Hill N., *Początek wielkiej kariery*, Gliwice 2009.

Ingram D.B., Parks J.A., *Etyka dla żółtodziobów, czyli wszystko, co powinieneś wiedzieć o...*, Poznań 2003.

Jagiełło J., Zuziak W. [red.], *Człowiek wobec wartości*, Kraków 2006.

James W., *Pragmatyzm*, Warszawa 2009.

Jamruszkiewicz J., *Kurs szybkiego czytania*, Chorzów 2002.

Johnson S., *Tak czy nie. Jak podejmować dobre decyzje*, Konstancin-Jeziorna 1995.

Jones Ch., *Życie jest fascynujące*, Konstancin-Jeziorna 1993.

Kanter R.M., *Wiara w siebie. Jak zaczynają się i kończą dobre i złe passy*, Warszawa 2006.

Keller H., *Historia mojego życia*, Warszawa 1978.

Kirschner J., *Zwycięstwo bez walki. Strategie przeciw agresji*, Gliwice 2008.

Koch R., *Zasada 80/20. Lepsze efekty mniejszym nakładem sił i środków*, Konstancin-Jeziorna 1998.

Kopmeyer M.R., *Praktyczne metody osiągania sukcesu*, Warszawa 1994.

Ksenofont, *Cyrus Wielki. Sztuka zwyciężania*, Warszawa 2008.

Kuba A., Hausman J., *Dzieje samochodu*, Warszawa 1973.

Kumaniecki K., *Historia kultury starożytnej Grecji i Rzymu*, Warszawa 1964.

Lamont G., *Jak podnieść pewność siebie*, Łódź 2008.

Leigh A., Maynard M., *Lider doskonały*, Poznań 1999.

Littauer F., *Osobowość plus*, Warszawa 2007.

Loreau D., *Sztuka prostoty*, Warszawa 2009.
Lott L., Intner R., Mendenhall B., *Autoterapia dla każdego. Spróbuj w osiem tygodni zmienić swoje życie*, Warszawa 2006.
Maige Ch., Muller J.-L., *Walka z czasem. Atut strategiczny przedsiębiorstwa*, Warszawa 1995.
Mansfield P., *Jak być asertywnym*, Poznań 1994.
Martin R., *Niepokorny umysł. Poznaj klucz do myślenia zintegrowanego*, Gliwice 2009.
Maslow A., *Motywacja i osobowość*, Warszawa 2009.
Matusewicz Cz., *Wprowadzenie do psychologii*, Warszawa 2011.
Maxwell J.C., *21 cech skutecznego lidera*, Warszawa 2012.
Maxwell J.C., *Tworzyć liderów, czyli jak wprowadzać innych na drogę sukcesu*, Konstancin-Jeziorna 1997.
Maxwell J.C., *Wszyscy się komunikują, niewielu potrafi się porozumieć*, Warszawa 2011.
McCormack M.H., *O zarządzaniu*, Warszawa 1998.
McElroy K., *Jak inwestować w nieruchomości. Znajdź ukryte zyski, których większość inwestorów nie dostrzega*, Osielsko 2008.
McGee P., *Pewność siebie. Jak mała zmiana może zrobić wielką różnicę*, Gliwice 2011.
McGrath H., Edwards H., *Trudne osobowości. Jak radzić sobie ze szkodliwymi zachowaniami innych oraz własnymi*, Poznań 2010.

Mellody P., Miller A.W., Miller J.K., *Toksyczna miłość i jak się z niej wyzwolić*, Warszawa 2013.

Melody B., *Koniec współuzależnienia*, Poznań 2002.

Miller M., *Style myślenia*, Poznań 2000.

Mingotaud F., *Sprawny kierownik. Techniki osiągania sukcesów*, Warszawa 1994.

MJ DeMarco, *Fastlane milionera*, Katowice 2012.

Morgenstern J., *Jak być doskonale zorganizowanym*, Warszawa 2000.

Nay W.R., *Związek bez gniewu. Jak przerwać błędne koło kłótni, dąsów i cichych dni*, Warszawa 2011.

Nierenberg G.I., *Ekspert. Czy nim jesteś?*, Warszawa 2001.

Ogger G., *Geniusze i spekulanci, Jak rodził się kapitalizm*, Warszawa 1993.

Osho, *Księga zrozumienia. Własna droga do wolności*, Warszawa 2009.

Parkinson C.N., *Prawo pani Parkinson*, Warszawa 1970.

Peale N.V., *Entuzjazm zmienia wszystko. Jak stać się zwycięzcą*, Warszawa 1996.

Peale N.V., *Możesz, jeśli myślisz, że możesz*, Warszawa 2005.

Peale N.V., *Rozbudź w sobie twórczy potencjał*, Warszawa 1997.

Peale N.V., *Uwierz i zwyciężaj. Jak zaufać swoim myślom i poczuć pewność siebie*, Warszawa 1999.

Pietrasiński Z., *Psychologia sprawnego myślenia*, Warszawa 1959.

Pilikowski J., *Podróż w świat etyki*, Kraków 2010.

Pink D.H., *Drive*, Warszawa 2011.

Pirożyński M., *Kształcenie charakteru*, Poznań 1999.

Pismo Święte Starego i Nowego Testamentu. Biblia Tysiąclecia, Warszawa 2002.

Pismo Święte w Przekładzie Nowego Świata, 1997.

Popielski K., *Psychologia egzystencji. Wartości w życiu*, Lublin 2009.

Poznaj swoją osobowość, Bielsko-Biała 1996.

Przemieniecki J., *Psychologia jednostki. Odkoduj szyfr do swego umysłu*, Warszawa 2008.

Pszczołowski T., *Umiejętność przekonywania i dyskusji*, Gdańsk 1998.

Reiman T., *Potęga perswazyjnej komunikacji*, Gliwice 2011.

Robbins A., *Nasza moc bez granic. Skuteczna metoda osiągania życiowych sukcesów za pomocą NLP*, Konstancin-Jeziorna 2009.

Robbins A., *Obudź w sobie olbrzyma... i miej wpływ na całe swoje życie – od zaraz*, Poznań 2002.

Robbins A., *Olbrzymie kroki*, Warszawa 2001.

Robert M., *Nowe myślenie strategiczne: czyste i proste*, Warszawa 2006.

Robinson J.W., *Imperium wolności. Historia Amway Corporation*, Warszawa 1997.

Rose C., Nicholl M.J., *Ucz się szybciej, na miarę XXI wieku*, Warszawa 2003.

Rose N., *Winston Churchill. Życie pod prąd*, Warszawa 1996.

Rychter W., *Dzieje samochodu*, Warszawa 1962.

Ryżak Z., *Zarządzanie energią kluczem do sukcesu*, Warszawa 2008.

Savater F., *Etyka dla syna*, Warszawa 1996.

Schäfer B., *Droga do finansowej wolności. Pierwszy milion w ciągu siedmiu lat*, Warszawa 2011.

Schäfer B., *Zasady zwycięzców*, Warszawa 2007.

Scherman J.R., *Jak skończyć z odwlekaniem i działać skutecznie*, Warszawa 1995.

Schuller R.H., *Ciężkie czasy przemijają, bądź silny i przetrwaj je*, Warszawa 1996.

Schwalbe B., Schwalbe H., Zander E., *Rozwijanie osobowości. Jak zostać sprzedawcą doskonałym*, tom 2, Warszawa 1994.

Schwartz D.J., *Magia myślenia kategoriami sukcesu*, Konstancin-Jeziorna 1994.

Schwartz D.J., *Magia myślenia na wielką skalę. Jak zaprząc duszę i umysł do wielkich osiągnięć*, Warszawa 2008.

Scott S.K., *Notatnik milionera. Jak zwykli ludzie mogą osiągać niezwykłe sukcesy*, Warszawa 1997.

Sedlak K. [red.], *Jak poszukiwać i zjednywać najlepszych pracowników*, Kraków 1995.

Seiwert L.J., *Jak organizować czas*, Warszawa 1998.

Seligman M.E.P., *Co możesz zmienić, a czego nie możesz*, Poznań 1995.

Seligman M.E.P., *Pełnia życia*, Poznań 2011.

Seneka, *Myśli*, Kraków 1989.

Sewell C., Brown P.B., *Klient na całe życie, czyli jak przypadkowego klienta zmienić w wiernego entuzjastę naszych usług*, Warszawa 1992.

Słownik pisarzy antycznych, Warszawa 1982.

Smith A., *Umysł*, Warszawa 1989.

Spector R., *Amazon.com. Historia przedsiębiorstwa, które stworzyło nowy model biznesu*, Warszawa 2000.

Spence G., *Jak skutecznie przekonywać... wszędzie i każdego dnia*, Poznań 2001.

Sprenger R.K., *Zaufanie # 1*, Warszawa 2011.

Staff L., *Michał Anioł*, Warszawa 1990.

Stone D.C., *Podążaj za swymi marzeniami*, Konstancin-Jeziorna 1998.

Swiet J., *Kolumb*, Warszawa 1979.

Szurawski M., *Pamięć. Trening interaktywny*, Łódź 2004.

Szyszkowska M., *W poszukiwaniu sensu życia*, Warszawa 1997.

Tatarkiewicz W., *O szczęściu*, Warszawa 1979.

Tavris C., Aronson E., *Błądzą wszyscy (ale nie ja)*, Sopot-Warszawa 2008.

Tracy B., *Milionerzy z wyboru. 21 tajemnic sukcesu*, Warszawa 2002.

Tracy B., *Plan lotu. Prawdziwy sekret sukcesu*, Warszawa 2008.

Tracy B., Scheelen F.M., *Osobowość lidera*, Warszawa 2001.

Tracy B., *Sztuka zatrudniania najlepszych. 21 praktycznych i sprawdzonych technik do wykorzystania od zaraz*, Warszawa 2006.

Tracy B., *Turbostrategia. 21 skutecznych sposobów na przekształcenie firmy i szybkie zwiększenie zysków*, Warszawa 2004.

Tracy B., *Zarabiaj więcej i awansuj szybciej. 21 sposobów na przyspieszenie kariery*, Warszawa 2007.

Tracy B., *Zarządzanie czasem*, Warszawa 2008.

Tracy B., *Zjedz tę żabę. 21 metod podnoszenia wydajności w pracy i zwalczania skłonności do zwlekania*, Warszawa 2005.

Twentier J.D., *Sztuka chwalenia ludzi*, Warszawa 1998.

Urban H., *Moc pozytywnych słów*, Warszawa 2012.

Ury W., *Odchodząc od nie. Negocjowanie od konfrontacji do kooperacji*, Warszawa 2000.

Vitale J., Klucz do sekretu. *Przyciągnij do siebie wszystko, czego pragniesz*, Gliwice 2009.

Waitley D., *Być najlepszym*, Warszawa 1998.

Waitley D., *Imperium umysłu*, Konstancin-Jeziorna 1997.

Waitley D., *Podwójne zwycięstwo*, Warszawa 1996.

Waitley D., *Sukces zależy od właściwego momentu*, Warszawa 1997.

Waitley D., Tucker R.B., *Gra o sukces. Jak zwyciężać w twórczej rywalizacji*, Warszawa 1996.

Walton S., Huey J., *Sam Walton. Made in America*, Warszawa 1994.

Waterhouse J., Minors D., Waterhouse M., *Twój zegar biologiczny. Jak żyć z nim w zgodzie*, Warszawa 1993.

Wegscheider-Cruse S., *Poczucie własnej wartości. Jak pokochać siebie*, Gdańsk 2007.

Wilson P., *Idealna równowaga. Jak znaleźć czas i sposób na pełnię życia*, Warszawa 2010.

Ziglar Z., *Do zobaczenia na szczycie*, Warszawa 1995.

Ziglar Z., *Droga na szczyt*, Konstancin-Jeziorna 1995.

Ziglar Z., *Ponad szczytem*, Warszawa 1995.

O autorze

Andrzej Moszczyński od 30 lat aktywnie zajmuje się działalnością biznesową. Jego główną kompetencją jest tworzenie skutecznych strategii dla konkretnych obszarów biznesu.

W latach 90. zdobywał doświadczenie w branży reklamowej – był prezesem i założycielem dwóch spółek z o.o. Zatrudniał w nich ponad 40 osób. Spółki te były liderami w swoich branżach, głównie w reklamie zewnętrznej – tranzytowej (reklamy na tramwajach, autobusach i samochodach). W 2001 r. przejęciem pakietów kontrolnych w tych spółkach zainteresowały się dwie firmy: amerykańska spółka giełdowa działająca w ponad 30 krajach, skupiająca się na reklamie radiowej i reklamie zewnętrznej oraz największy w Europie fundusz inwestycyjny. W 2003 r. Andrzej sprzedał udziały w tych spółkach inwestorom strategicznym.

W latach 2005-2015 był prezesem i założycielem spółki, która zajmowała się kompleksową komercjalizacją liderów rynku deweloperskiego (firma w sumie sprzedała ponad 1000 mieszkań oraz 350 apartamentów hotelowych w systemie condo).

W latach 2009-2018 był akcjonariuszem strategicznym oraz przewodniczącym rady nadzorczej fabryki urządzeń okrętowych Expom SA. Spółka ta zasięgiem działania obejmuje cały świat, dostarczając urządzenia (w tym dźwigi i żurawie) dla branży morskiej. W 2018 r. sprzedał pakiet swoich akcji inwestorowi branżowemu.

W 2014 r. utworzył w USA spółkę LLC, która działa w branży wydawniczej. W ciągu 14 lat (poczynając od 2005 r.) napisał w sumie 22 kieszonkowe poradniki z dziedziny rozwoju kompetencji miękkich – obszaru, który ma między innymi znaczenie strategiczne dla budowania wartości niematerialnych i prawnych przedsiębiorstw. Poradniki napisane przez Andrzeja koncentrują się na przekazaniu wiedzy o wartościach i rozwoju osobowości – czynnikach odpowiedzialnych za prowadzenie dobrego życia, bycie spełnionym i szczęśliwym.

Andrzej zdobywał wiedzę z dziedziny budowania wartości firm oraz tworzenia skutecznych strategii przy udziale następujących instytucji: Ernst & Young, Gallup Institute, PricewaterhauseCoopers (PwC) oraz Harward Business Review. Jego kompetencje można przyrównać do pracy **stroiciela instrumentu.**

Kiedy miał 7 lat, mama zabrała go do szkoły muzycznej, aby sprawdzić, czy ma talent. Przeszedł test pozytywnie – okazało się, że może rozpocząć edukację muzyczną. Z różnych powodów to nie nastąpiło. Często jednak w jego książkach czy wykładach można usłyszeć bądź przeczytać przykłady związane ze światem muzyki.

Dlaczego można przyrównać jego kompetencje do pracy stroiciela na przykład fortepianu? Stroiciel udoskonala fortepian, aby jego dźwięk był idealny. Każdy fortepian ma swój określony potencjał mierzony jakością dźwięku – dźwięku, który urzeka i wprowadza ludzi w stan relaksu, a może nawet pozytywnego ukojenia. Podobnie jak stroiciel Andrzej udoskonala różne procesy – szczególnie te, które dotyczą relacji z innymi ludźmi. Wierzy, że ludzie posiadają mechanizm psychologiczny, który można symbolicznie przyrównać do **mentalnego żyroskopu** czy **mentalnego noktowizora**. Rola Andrzeja polega na naprawieniu bądź wprowadzeniu w ruch tych „urządzeń".

Żyroskop jest urządzeniem, które niezależnie od komplikacji pokazuje określony kierunek. Tego typu urządzenie wykorzystywane jest na statkach i w samolotach. Andrzej jest przekonany, że rozwijanie **koncentracji i wyobraźni** prowadzi do włączenia naszego mentalnego żyroskopu. Dzięki temu możemy między innymi znajdować skuteczne rozwiązania skomplikowanych wyzwań.

Noktowizor to wyjątkowe urządzenie, które umożliwia widzenie w ciemności. Jest wykorzystywane przez wojsko, służby wywiadowcze czy myśliwych. Życie Andrzeja ukierunkowane jest na badanie tematu źródeł wewnętrznej motywacji – siły skłaniającej do działania, do przejawiania inicjatywy, do podejmowania wyzwań, do wchodzenia w obszary zupełnie nieznane. Andrzej ma przekonanie, że rozwijanie **poczucia własnej wartości** prowadzi do włączenia naszego mentalnego noktowizora. Bez optymalnego poczucia własnej wartości życie jest ciężarem.

W swojej pracy Andrzej koncentruje się na procesach podnoszących jakość następujących obszarów: właściwe interpretowanie zdarzeń, wyciąganie wniosków z analizy porażek oraz sukcesów, formułowanie właściwych pytań, a także korzystanie z wyobraźni w taki sposób, aby przewidywać swoją przyszłość, co łączy się bezpośrednio z umiejętnością strategicznego myślenia. Umiejętności te pomagają rozumieć mechanizmy wywierania wpływu przez inne osoby i umożliwiają niepoddawanie się wszechobecnej indoktrynacji. Kiedy mentalny noktowizor działa poprawnie, przekazuje w odpowiednim czasie sygnały ostrzegające, że ktoś posługuje się manipulacją, aby osiągnąć swoje cele.

Andrzej posiada również doświadczenie jako prelegent, co związane jest z jego zaangażowaniem w działania społeczne. W ostatnich 30 latach był zapraszany do udziału w różnych szkoleniach i seminariach, zgromadzeniach czy kongresach – w sumie jako mówca wystąpił ponad 700 razy. Jego przemówienia i wykłady znane są z inspirujących przykładów i zachęcających pytań, które mobilizują słuchaczy do działania.

Opinie o książce

Małe dziecko przychodzi na świat bez instrukcji obsługi, o czym boleśnie przekonują się kolejne pokolenia młodych rodziców. A jednak mimo tej pozornej przeszkody ludzkość była i jest w stanie poradzić sobie z tym wyzwaniem. Jak? Młodzi rodzice szybko uczą się – głównie metodą prób i błędów – jak zaspokajać potrzeby swojego dziecka. Rodzicielstwo to ciekawa mieszanka zaufania do własnej intuicji, pomocy bliskich i odwołania do wiedzy ekspertów. To nie stały zestaw umiejętności, które ujawniają się w chwili narodzin dziecka, lecz raczej proces nabywania nowych umiejętności dostosowanych do potrzeb i rozwoju własnych pociech.

Nie inaczej jest w przypadku rozpoznania swoich talentów i wykorzystania ich w codziennym życiu. Nie są to zdolności, jakie nabywa się po przeczytaniu jednej książki lub uczestniczeniu w weekendowych warsztatach, lecz raczej droga, na którą się wchodzi świadomie i którą podąża przez resztę życia. Wybierając się w podróż, zwykle pakujemy ze sobą przewodnik i mapę, dlatego też podczas podróży do własnego wnętrza także warto sięgnąć po jakiś przewodnik. Seria książek autorstwa Andrzeja Moszczyńskiego jest właśnie takim przewodnikiem, zawierającym cenne podpowiedzi oraz techniki odkrywania i wykorzystywania swoich talentów. Autor nie stawia się w pozycji eksperta wiedzącego lepiej, co jest dla nas dobre, lecz raczej doradcy odwołującego się szeroko do filozofii, literatury, współczesnych technik doskonalenia osobowości i własnych doświadczeń. Zdecydowanymi mocnymi stronami tej serii są przykłady z życia ilustrujące prezentowane zagadnienia oraz bogata bibliografia służąca jako punkt do dalszych poszukiwań dla wszystkich zainteresowanych doskonaleniem osobowości. Uważam, że seria ta będzie pomocna dla każdego zainteresowanego świadomym życiem i rozwojem osobistym.

Ania Bogacka
Editorial Consultant and Life Coach

* * *

Na rynku książek wybór poradników jest ogromny, ale wśród tego ogromu istnieją jasne punkty, w oparciu o które można kierować swoim życiem tak, by osiągnąć spełnienie. Samorealizacja jest osiągana poprzez mądrość i świadomość. To samo sprawia, że książki Andrzeja Moszczyńskiego są tak użyteczne i podnoszące na duchu. Dzielenie się mądrością w formie przykładów wielu historycznych postaci oświetla drogę w tej kluczowej podróży. Każda z książek Andrzeja jest kompletna sama w sobie, jednak wszystkie razem stanowią zestaw narzędzi, przy pomocy których każdy z nas może ulepszyć umysł i serce, aby ostatecznie przyjąć proaktywną i współczującą postawę wobec życia. Jako osoba, która badała i edytowała wiele tekstów z filozofii i duchowości, mogę z entuzjazmem polecić tę książkę.

Lawrence E. Payne

Dodatek

Cytaty, które pomagały autorowi napisać tę książkę

Na temat rozwoju

Przeznaczeniem człowieka jest jego charakter.

Heraklit z Efezu

Osobowość kształtuje się nie poprzez piękne słowa, lecz pracą i własnym wysiłkiem.

Albert Einstein

Na temat nastawienia do życia

Jeśli jesteś nieszczęśliwy, to dlatego, że cały czas myślisz raczej o tym, czego nie masz, zamiast koncentrować się na tym, co masz w danej chwili.

Anthony de Mello

W końcu, bracia, wszystko, co jest prawdziwe, co godne, co sprawiedliwe, co czyste, co miłe, co zasługuje na uznanie: jeśli jest jakąś cnotą i czynem chwalebnym – to miejcie na myśli.

List do Filipian 4:8

Na temat szczęścia

Ludzie są na tyle szczęśliwi, na ile sobie pozwolą nimi być.

Abraham Lincoln

Więcej szczęścia jest w dawaniu aniżeli w braniu.

Dz 20:35

Na temat poczucia własnej wartości

Bez Twojego pozwolenia nikt nie może sprawić, że poczujesz się gorszy.

Eleanor Roosevelt

Na temat możliwości człowieka

Nie ma rzeczy niemożliwych, są tylko te trudniejsze do wykonania.

Henry Ford

Gdybyśmy robili wszystkie rzeczy, które jesteśmy w stanie zrobić, wprawilibyśmy się w ogromne zdumienie.

Thomas Edison

Na temat poznawania siebie

Najpierw sami tworzymy własne nawyki, potem nawyki tworzą nas.

John Dryden

Na temat wiary w siebie

Człowiek, który zyska i zachowa władzę nad sobą, dokona rzeczy największych i najtrudniejszych.

Johann Wolfgang von Goethe

Ludzie potrafią, gdy sądzą, że potrafią.

Wergiliusz

Na temat wnikliwości

Prawdę należy mówić tylko temu, kto chce jej słuchać.

Seneka Starszy

Język mądrych jest lekarstwem.

Księga Przysłów 12:18

Na temat wytrwałości

Nic na świecie nie zastąpi wytrwałości. Nie zastąpi jej talent – nie ma nic powszechniejszego niż ludzie utalentowani, którzy nie odnoszą sukcesów. Nie uczyni niczego sam geniusz – nienagradzany geniusz to już prawie przysłowie. Nie uczyni niczego też samo wykształcenie – świat jest pełen ludzi wykształconych, o których zapomniano. Tylko wytrwałość i determinacja są wszechmocne.

John Calvin Coolidge

Możemy zrealizować każde zamierzenie, jeśli potrafimy trwać w nim wystarczająco długo.

Helen Keller

Tak samo, jak pojedynczy krok nie tworzy ścieżki na ziemi, tak pojedyncza myśl nie stworzy ścieżki w Twoim umyśle. Prawdziwa ścieżka powstaje, gdy chodzimy po niej wielokrotnie. Aby stworzyć głęboką ścieżkę mentalną, potrzebne jest wielokrotne powtarzanie myśli, które mają zdominować nasze życie.

Napoleon Bonaparte

Na temat entuzjazmu

Tylko przykład jest zaraźliwy.

Lope de Vega

Na temat odwagi

Życie albo jest śmiałą przygodą, albo nie jest życiem. Nie lękać się zmian, a w obliczu kapryśności losu zachowywać hart ducha – oto siła nie do pokonania.

Helen Keller

Silny jest ten, kto potrafi przezwyciężyć swe szkodliwe przyzwyczajenia.

Benjamin Franklin

Życie jest przygodą dla odważnych albo niczym.

Helen Keller

Na temat realizmu

Kto z was, chcąc zbudować wieżę, nie usiądzie wpierw i nie obliczy wydatków, czy ma na jej wykończenie.

Ew. Łukasza 14:28

Pesymista szuka przeciwności w każdej okazji, optymista widzi okazje w każdej przeciwności.

Winston Churchill

Dajcie mi odpowiednio długą dźwignię i wystarczająco mocną podporę, a sam poruszę cały glob.

Archimedes

OFERTA WYDAWNICZA
Andrew Moszczynski Group sp. z o.o.

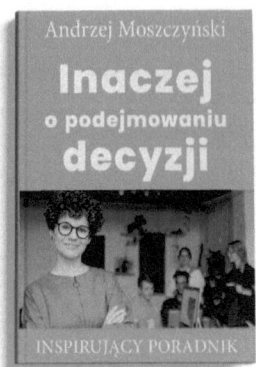

www.ingramcontent.com/pod-product-compliance
Lightning Source LLC
LaVergne TN
LVHW041622070526
838199LV00052B/3216